• TOUS LES SOUVENIRS DE MON ENFANCE ET DE MON ADOLESCENCE •

NÉS EN 1994

LE LIVRE DE MA JEUNESSE

ARMELLE LEROY
LAURENT CHOLLET

HORS COLLECTION

ALMANACH DU FACTEUR
LAVIGNE
1994
JANVIER
FEVRIER
MARS
AVRIL
MAI
JUIN
CONGES SCOLAIRES
voir au dos
de la couverture
LA POSTE

JUILLET
AOUT
SEPTEMBRE
ALMANACH 1994 DU FACTEUR
LAVIGNE
CONGES SCOLAIRES
voir au dos
de la couverture
OCTOBRE
NOVEMBRE
DECEMBRE
LA POSTE

SOMMAIRE

- **Les grands événements** 6-7
- **Ils sont nés en 1994** 8-9
- **Et pour la première fois cette année-là** 10-11
- **La chambre** d'un enfant 12-13
  d'un ado 14-15
- **La classe** d'un enfant 16-17
  d'un ado 18-19
- **Les jouets** des filles 20-21
  des garçons 22-23
- **Les loisirs des ados** 24-25
- **La mode** des enfants 26-27
  des ados 28-29
- **Confiseries et boissons** 30-31
- **Le sport** Les Jeux olympiques 32-33
  Le football 34-35
  Le sport auto et le cyclisme 36-37
  Le tennis et le basket 38-39
- **Premiers élans, premières révoltes, premiers émois** 40-41
- **La musique** des enfants 42-43
  des ados 44-45
- **La presse** pour enfants 46-47
- **Les albums de BD** 48-49
- **Les livres** pour enfants 50-51
  pour ados 52-53
- **Le cinéma** et les enfants 54-55
  et les ados 56-57
- **La télé** et les enfants 58-59
  et les ados 60-61
- **La radio** 62-63
- **Les sources** 64

1994

LES GRANDS ÉVÉNEMENTS

5 FÉVRIER :
Des tirs d'obus font 68 morts et 144 blessés sur le marché de Markale à Sarajevo. L'armée serbe désignée comme coupable accuse la Bosnie d'avoir tiré sur son propre peuple afin d'obliger l'OTAN à intervenir.

25 FÉVRIER :
Yann Piat, députée UDF du Var, est assassinée par deux hommes à moto, à Hyères. Âgée de 44 ans, la femme politique luttait activement contre le milieu qui gangrenait la ville, surnommée à l'époque « Hyères-les-Bombes ».

28 MARS :
Décès du dramaturge français, Eugène Ionesco, représentant de l'absurde et auteur, entre autres, de *La Cantatrice chauve* et de *Rhinocéros*.

1er AVRIL :
Décès du photographe français, Robert Doisneau. L'auteur du *Baiser de l'Hôtel de ville* avait 81 ans.

5 AVRIL :
Le chanteur du groupe Nirvana, Kurt Cobain, se suicide d'un coup de fusil à Seattle. Le musicien entre dans la légende aux côtés de Brian Jones, Jimi Hendrix et Jim Morrison, tous morts à 27 ans.

6 AVRIL :
L'avion du président rwandais Juvénal Habyarimana est attaqué par des tirs de roquette et s'écrase, ne laissant aucun survivant.
Cet attentat déclenche la guerre civile et le génocide des Tutsis au Rwanda.

22 AVRIL :
Décès du 37e président américain Richard Nixon à 81 ans, des suites d'une crise cardiaque.

27 AVRIL :
Nelson Mandela devient président de la République d'Afrique du Sud lors des premières élections générales multiraciales.

1er MAI :
Le monde de la Formule 1 est en deuil. Le pilote brésilien Ayrton Senna s'écrase à 240 km/h contre un mur de béton suite à un incident mécanique et ne survit pas au choc.

23 MAI :
Quentin Tarantino remporte la Palme d'or au Festival de Cannes pour son film *Pulp Fiction*.

8 JUILLET :
Décès du fondateur et du premier dirigeant de la Corée du Nord, Kim Il-Song.

17 JUILLET :
Le Brésil s'impose aux tirs au but face à l'Italie et remporte la Coupe du monde de football, organisée pour la première fois aux États-Unis.

15 AOÛT :
Le terroriste Ilich Ramírez Sánchez, alias Carlos, est arrêté à Khartoum au Soudan et livré aux autorités françaises. Il est ensuite condamné à la prison à perpétuité pour un triple meurtre commis en 1975.

28 SEPTEMBRE :
Le ferry *Estonia* coule en mer Baltique avec 989 passagers à son bord. Seules 137 personnes peuvent être secourues.

4 OCTOBRE :
Arrestation de Florence Rey et d'Audry Maupin, auteurs de l'attaque de la fourrière de Pantin et de la fusillade place de la Nation qui coûta la vie à quatre hommes. À 19 ans, la jeune fille est condamnée à vingt ans de réclusion. Son compagnon meurt des suites de ses blessures.

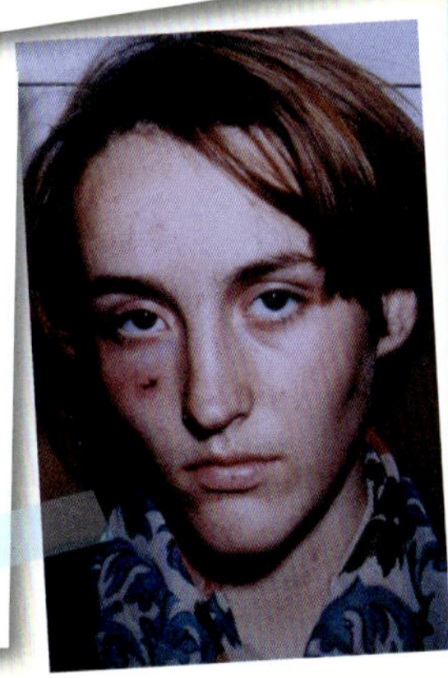

26 DÉCEMBRE :
Un commando du Groupe islamique armé (GIA) prend en otage un avion provenant d'Alger avec pour objectif de le faire s'écraser contre la tour Eiffel. Le GIGN arrive néanmoins à reprendre le contrôle de l'avion à l'aéroport de Marseille-Marignane, tuant les quatre preneurs d'otages.

ILS SONT NÉS EN... 1994

02/01/1994
SARAH MICHELLE
chanteuse et animatrice française

18/01/1994
MINZY
chanteuse sud-coréenne

01/02/1994
HARRY STYLES
chanteur britannique

23/02/1994
DAKOTA FANNING
actrice américaine

01/03/1994
JUSTIN BIEBER
chanteur canadien

18/03/1994
ALAIN-FABIEN DELON
acteur français

14/04/1994
SKYLER SAMUELS
actrice américaine

14/04/1994
FLORA COQUEREL
Miss France 2014

12/04/1994
SAOIRSE RONAN
actrice irlandaise

17/05/1994
JUSTIN MARTIN
acteur américain

19/05/1994
MARINA D'AMICO
chanteuse française

21/05/1994
TOM DALEY
plongeur britannique, champion du monde en 2009

17/08/1994
TAISSA FARMIGA
actrice américaine

19/08/1994
YSEULT
chanteuse française

09/10/1994
JODELLE FERLAND
actrice canadienne

27/10/1994
KURT ZOUMA
footballeur français

10/11/1994
ZOEY DEUTCH
actrice américaine

30/11/1994
WILLIAM MELLING
acteur britannique

03/12/1994
JAKE T. AUSTIN
acteur américain

19/12/1994
M'BAYE NIANG
footballeur français

ET POUR LA PREMIÈRE FOIS CETTE ANNÉE-LÀ…

• *INFOMATIN* •

Lancé le 10 janvier, vendu 3 francs et tiré à plus de 300 000 exemplaires, le quotidien, par son format et ses articles concis, préfigure les journaux gratuits qui apparaissent au début des années 2000. Néanmoins, ne parvenant pas à être rentable, la publication s'arrête le 9 janvier 1996.

• LE TUNNEL SOUS LA MANCHE •

Débuté en 1987 et long de 50,5 km, le tunnel sous la Manche est inauguré par François Mitterrand et la reine Élisabeth II le 6 mai 1994.

• LE *CHARLES DE GAULLE* •

Le 7 mai 1994, le porte-avions à propulsion nucléaire, navire amiral de la marine française, est mis en service. Long de 261 mètres, il remplace le *Clemenceau.*

Sidaction
ENSEMBLE CONTRE LE SIDA

• SIDACTION •

Les six chaînes de télévision françaises présentent le 7 avril un programme commun de 5 heures en faveur de la lutte contre le sida.

• YAHOO •

Jerry Yang et David Filo, étudiants à Stanford, créent un annuaire web, dont le nom est inspiré des « Yahoos » des *Voyages de Gulliver* de Jonathan Swift. La société se développe ensuite et propose de nombreux services comme un moteur de recherche, une boîte e-mail, de l'hébergement web…

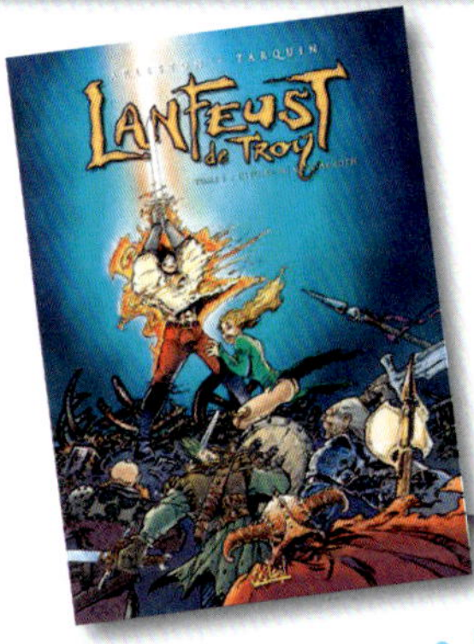

• *LANFEUST DE TROY* •

Didier Tarquin et Christophe Arleston publient le premier tome de leur série d'*heroic fantasy* chez Soleil Productions. Doté d'un pouvoir extraordinaire, le forgeron qui donne son nom à la série évolue au long des huit albums dans un monde magique.

• LA PLAYSTATION •

Sony présente sa console de salon plus puissante que la Mega Drive qui utilise un disque compact rendant obsolètes les cartouches des consoles de l'époque.

• LA GROTTE CHAUVET •

Découverte en Ardèche en juin 1994, la grotte Chauvet comporte plus de 400 reproductions d'animaux et constitue avec Lascaux et Cosquer l'un des sites majeurs de représentation d'art préhistorique.

• *C'EST PAS SORCIER* •

Le 13 septembre 1994, Jamy et Fred débarquent à bord d'un énorme camion sur France 3 pour expliquer aux jeunes téléspectateurs les mystères de la science. Rejointe à partir de 1999 par Sabine Quindou, mais toujours conduite par le mystérieux « Marcel », l'équipe réalise 20 saisons et 559 émissions avant de s'arrêter en juin 2014.

LA CHAMBRE D'UN ENFANT

• CHOUETTE, LES COUSINES DÉBARQUENT ! •

Manoir hanté, salle de réception, bateau pirate…
les chambres des enfants sont tout cela en même temps.

Aujourd'hui, c'est la fête à la maison, les cousines de Savoie débarquent et avec elles la désorganisation, la pagaille et les fous rires. Le seul problème : c'est le couchage. Ma sœur et moi, on a chacune notre chambre, mais dans la sienne, pas question de pénétrer. Forte de ses quatre ans de plus, elle interdit l'entrée de son territoire. Elle a peur qu'on touche à ses affaires. Son précieux drapeau du Che, sa collection de *Fan2*, et tous ses trésors empilés sur son bureau Ikea : feutres fluorescents et parfumés, boîtes Diddle ou mangas divers. Alors on couche toutes les trois dans ma chambre et, tous les soirs, c'est la panique : on déplie les chauffeuses, on pousse les landaus des poupées, on empile les bacs remplis de Playmobil, en faisant attention de ne pas déchirer les posters de Robert Pattinson et de la Petite Sirène épinglés sur les murs, on range les photos de chevaux et de dauphins. Bien sûr, on se dispute pour savoir laquelle dormira sous la couette Barbie ou aura l'oreiller jaune Pikachu et on tire au sort celle qui subira la chauffeuse déchirée. Puis, on remonte la boîte à musique Cendrillon et on attend les câlins-bisous de mes parents. Mais à peine la porte refermée, une de mes cousines se met à hurler, elle a perdu son doudou Petit-lolo. Immédiatement on se met à le chercher sur fond sonore de gronderie parentale, et on le découvre dans le coffre à déguisements. Cela nous donne envie de nous travestir, alors on se transforme en princesse, en Andalouse et en pirate. Nouvelles réprimandes, nouvelles trouvailles : avec nos lampes électriques, nous chassons les fantômes derrière les rideaux roses, les voleurs sous le lit, les assassins derrière l'étagère de livres. Seule la menace d'être privées de sortie le lendemain arrive à nous calmer, et c'est au son d'une chanson d'Henri Dès que nous nous endormons enfin, blotties ensemble sur le même matelas.

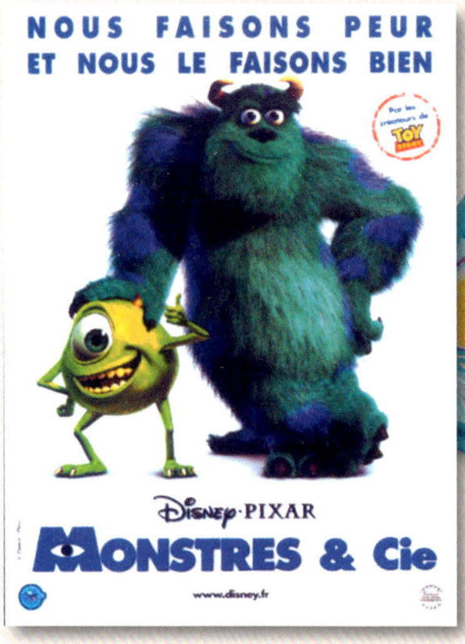

Transformer un lit en piste de danse, c'est maintenant possible.

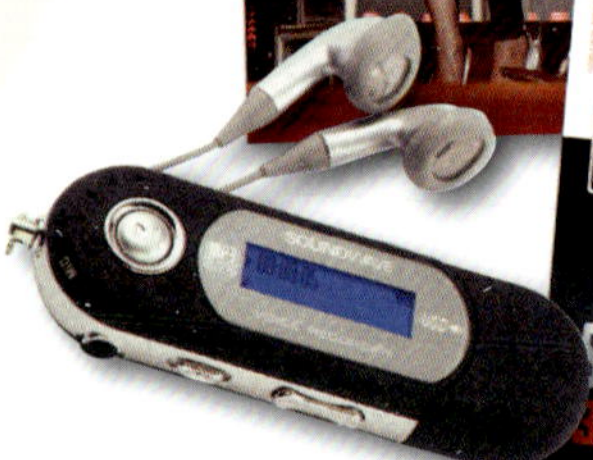

• MARQUER SON TERRITOIRE •

Posters aux murs, consoles de jeux, piles de vêtements dans un coin : la chambre d'un ado n'est pas qu'un endroit où dormir, c'est un îlot personnel, un cocon.

Aujourd'hui ce sont les 14 ans d'Ethan, un jour qu'il a attendu avec impatience car c'est aussi celui de sa première guitare ! Il en a tellement rêvé que cela lui paraît presque irréel. Il a réorganisé la disposition de sa chambre pour laisser à son instrument la place d'honneur : à droite de la fenêtre, pas trop près pour qu'elle ne soit pas camouflée par les lourdes tentures beiges, pas trop loin pour que les rayons du soleil puissent faire briller sa caisse noire. Éblouissante, elle est éblouissante, le mot n'est pas trop fort. Ses grands-parents lui ont offert, eux, le support en acier chromé, et l'adolescent ne cesse de le tourner pour trouver la meilleure orientation possible. Toute la chambre ressemble à un temple dédié à la musique. Sur les murs, Keith Richards et Jimi Hendrix, malgré le temps qui passe, continuent à faire vibrer leurs cordes, Nirvana et les frères Gallagher font souffler un vent de rébellion devant la belle Rihanna à la pose lascive. Quant au fond d'écran du vieux PC de son père, il affiche la même guitare que la sienne.

LA CHAMBRE D'UN ADO

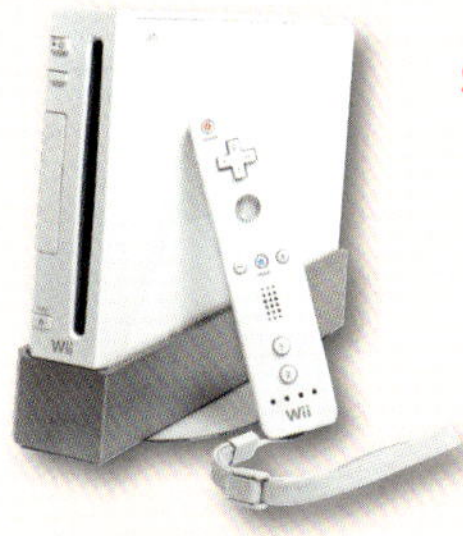

Sortie en France en 2006, la Nintendo Wii est la première console de jeux véritablement familiale.

L'ordinateur est posé sur son bureau, un simple plateau de verre soutenu par des tréteaux, mais le côté design du meuble semble jurer avec l'archaïque PC. Pour ses 15 ans, il a déjà prévu de demander un MacBook de chez Apple, mais ça, c'est loin d'être gagné ! Avec ses parents, tout doit être négocié, le simple fait de mettre des posters a provoqué un drame, sa mère a affirmé que la Patafix qui les maintenait avait fait des taches de gras sur les murs. Et quand il a porté sur le trottoir son lit bateau, la crise parentale a atteint son paroxysme. Surtout qu'il l'a remplacé par un vieux matelas deux places posé à même le sol ! Cela en valait la peine, car maintenant Ethan a une chambre comme il voulait, enfin, mis à part le Mac, mais il compte bien remporter cette nouvelle bataille, il a un an pour cela.

• PASSE DEVANT •

Déménagements, rénovations, réformes scolaires, ministres de l'Éducation : les lycées résistent à tout.

Au début des vacances d'été, d'importants travaux ont débuté dans le lycée. Le chef d'établissement, M. Leblanc, nous avait annoncé que nous allions retrouver à la rentrée des bâtiments remis à neuf. Il avait tout simplement oublié que l'entreprise de rénovation était fermée au mois d'août. Nous avons repris les cours au milieu des échelles, des pots de peinture et des ouvriers qui sifflaient chaque fois qu'une fille en short passait… et des filles en short, au mois de septembre, il y en a beaucoup ! C'était une sacrée pagaille, surtout lorsque la prof d'anglais a cru que c'était elle qu'ils sifflaient, malgré ses grosses lunettes et sa jupe aux chevilles. En attendant de retrouver notre classe, nous avons été installés au dernier étage, dans l'ancien laboratoire de langue : à 38 dans une salle de 24 ! « Vous n'avez qu'à vous serrer à trois par table au lieu de deux, a décrété M. Leblanc, et allez chercher des chaises dans la réserve. »

LA CLASSE D'UN ADO

Palme d'or à Cannes en 2008, *Entre les murs* retranscrit la réalité d'une classe de français dans un collège parisien.

Aussitôt, nous nous sommes précipités hors de la classe et sommes revenus avec 36 chaises. Seuls Paul et Julie sont restés dans la réserve pour s'embrasser. Avec 60 chaises dans la petite pièce, plus personne ne pouvait bouger, il a fallu rapporter des chaises et on a dérangé Paul et Julie qui n'étaient pas contents du tout. La prof de maths a voulu superviser les choses, elle s'est mise à crier et a installé les plus agités devant et les meilleurs élèves derrière. Elle s'est aperçue qu'il y avait deux chaises en trop, elle a demandé à Samir de les rapporter dans la réserve, mais il n'a pas pu rentrer ; Paul et Julie avaient bloqué la porte, il les a abandonnées dans le couloir. Tout le monde s'est assis et les premiers de la classe ont commencé à s'agiter. Ils trouvaient très cool de ne plus être sous les yeux de la prof. Celle-ci s'est énervée, elle les a fait revenir devant, tout le monde a dû se décaler de nouveau. Quand elle a pu commencer son cours, la porte s'est ouverte : c'était Paul et Julie que l'on avait oubliés ! Le problème, c'est qu'il manquait deux chaises !

LES JOUETS DES FILLES

• BARBIE SE MARIE •

Les poupées sont de plus en plus perfectionnées, mais les classiques histoires d'amour restent indétrônables dans le cœur des petites filles.

Barbie épouse son amoureux Action Man. En réalité, son fiancé s'appelle Ken, mais avec mes cousines nous n'en possédons pas, alors nous avons dû nous rabattre sur Action Man, seul élément masculin disponible au fond du coffre à jouets. Nous avons décidé d'organiser une grande cérémonie, tout en ménageant les susceptibilités, car il y a trois futures mariées, toutes identiques. Nous les avions trouvées le matin de Pâques dans la rocaille du jardin de mon oncle. Face à leur beauté immaculée, nous avions presque omis de chercher les œufs en chocolat. Mais comment faire avec trois fiancées et un seul prétendant ? Laissant de côté cet épineux problème, nous commençons à préparer la salle de bal. Les chaises de la cuisine, une fois retournées, délimitent l'espace. Une boîte recouverte d'une serviette en papier permet de dresser le buffet : trois magnifiques pièces montées fournies avec les Barbie. Les invités sont assis sur des boîtes d'allumettes que nous avons piquées dans la réserve de notre oncle. Deux Bratz tiennent compagnie à une poupée My Scene, à côté de la Petite Sirène, de Sindy et son chien Fifi et de Midge et son bébé de *La Famille du bonheur*. Au fond, derrière le pied d'une chaise, attend un cabriolet décapotable, prêt à emmener les mariés en voyage de noces. La fête peut commencer ! Soudain le drame éclate : une des Barbie a perdu sa ravissante chaussure à talon aiguille. « C'est bête, c'est la tienne », m'assure une de mes cousines. La colère me submerge ! « Sûrement pas, je suis soigneuse, moi. » Mais la dispute n'a pas le temps de s'envenimer, mon oncle surgit pour récupérer les chaises de la cuisine, nous gronde pour les boîtes d'allumettes volées et nous ordonne de mettre le couvert.

Les Barbie sont trop encombrantes pour les voyages, mais, heureusement, il y a les Polly Pocket.

Trahisons dans le palais, réceptions grandioses, romances dignes de *Roméo et Juliette*, les Playmobil permettent des histoires encore plus folles qu'au cinéma.

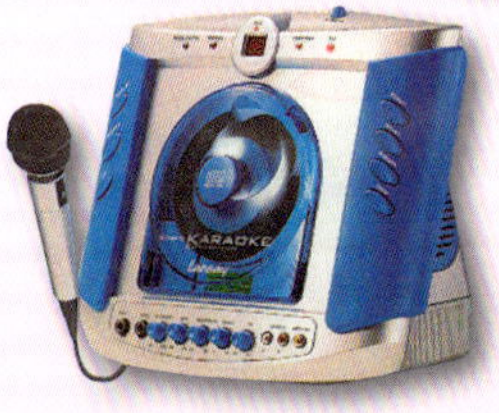

• LE CADEAU PARFAIT •

Avec les figurines *Hulk*, les Lego *Star Wars*, les épées du *Seigneur des Anneaux*, le cinéma s'invite dans les chambres d'enfants.

Aujourd'hui, c'est l'anniversaire de mon amoureux, Alexandre. Tous les deux, on peut rester des heures ensemble, à se regarder et à se sourire. Même que ça agace ma meilleure amie Marie-Aloyse, elle trouve que c'est perdre son temps. Elle et moi, on était invitées chez lui pour passer l'après-midi avec neuf autres potes. Ça faisait trois semaines que je cherchais une idée, je voulais offrir à Alexandre quelque chose d'exceptionnel. J'ai fait tous les magasins de jouets de Paris, et ça a drôlement énervé ma mère ! Mais j'ai trouvé le cadeau : un sabre *Star Wars* « intergalactique » qui émet des rayons laser et des sons. Mon paquet bien emballé, j'ai rejoint Marie-Aloyse. Bon, on a mis un peu de temps pour arriver car Marie a fait tomber le livre qu'elle devait offrir dans une flaque d'eau et le papier crépon qui l'entourait a déteint sur la couverture. On avait les doigts tout bleus car on a voulu réparer les dégâts. On a dû appuyer longtemps sur l'interphone avant qu'on nous ouvre, tout le monde était arrivé et cela faisait beaucoup de bruit. Nous n'étions que deux filles et les garçons couraient partout en poussant des hurlements. Ethan s'était déguisé en cow-boy et il se battait avec Marc qui se défendait avec l'épée de *Zorro* ! La maman d'Alexandre nous a tous rassemblés et celui-ci a déballé ses cadeaux. Il a été un peu étonné en voyant le paquet bizarre de Marie-Aloyse mais ça l'a beaucoup amusé d'avoir les doigts tout bleus. Il a poussé des cris de joie en découvrant un robot Transformer, l'Action Man Final Combat, une boîte de Lego *Star Wars,* des Playmobil de la série des pirates et la dernière BD de l'élève Ducobu. Il a remercié bien poliment en ouvrant un puzzle représentant des chatons, un coffret de magie et un livre sans illustrations ! Mais quand il a déballé mon paquet, un lourd silence est tombé dans la pièce, et d'un coup, tous les garçons se sont mis à parler ensemble. Ils ont fermé les rideaux pour voir l'effet du sabre dans le noir. Mais soudain, Paul s'est mis à pleurer : en hoquetant il a dit qu'il voulait la même épée mais que son anniversaire était déjà passé ! Quant à Marie-Aloyse, elle ne me parle plus car aucun des garçons n'a voulu jouer avec nous de l'après-midi. Ils ont dit que les batailles intergalactiques ce n'était pas pour les filles.

Pirates contre policiers des mers.

LES LOISIRS DES ADOS

• JOURNÉE SHOPPING •

Garçons ou filles, le style est primordial pour être populaire.

J'adore Adèle. Au début, je ne l'aimais pas vraiment, je la trouvais un peu « boloss », trop « première de la classe ». Mais un jour, j'ai découvert son grand frère, et là, ouaouh ! Il était trop beau avec ses jeans slim et ses tee-shirts moulant ses pectoraux. Et comme c'est bien connu, un beau gosse attire comme un aimant d'autres beaux gosses, ses potes, ils sont tous à tomber eux aussi. Depuis, je traîne tout le temps avec Adèle. Je vais faire du patinage le mercredi avec elle, moi qui ai déjà du mal à ne pas trébucher en marchant avec mes baskets ! Le samedi, on enchaîne les séances shopping : au début, j'avais trop honte qu'on me voie avec elle, car ses fringues craignent vraiment et elle voulait absolument se rendre chez Nature et Découvertes ou au Vieux Campeur pour préparer ses camps scouts. Au secours ! J'ai cru que je ne tiendrais jamais. Mais au fur et à mesure, je lui ai fait découvrir un autre monde, mon monde. Elle a appris à surfer dans les rayons de H&M un jour de soldes, à choper la dernière robe chez Zara, à courir chez Mango pour comparer les fringues. Au fur et à mesure, elle s'est mise à changer, à s'habiller mieux, à prendre de l'assurance. Enfin, je suis arrivée à mes fins : j'ai été invitée chez elle, dans sa chambre… à une porte de celle de son frère. Bon, j'avoue, cela n'a pas été un succès complet ! Il était bien là avec plusieurs potes en train de jouer à la console et quand je suis passée pour la troisième fois devant sa porte ouverte, il l'a refermée brusquement en proclamant « les copines de ma sœur, elles sont vraiment lourdes ». Même si j'ai été vexée, je ne renonce pas. Enfin si j'y arrive, car Adèle n'a plus trop de temps à me consacrer. Depuis qu'elle est super lookée, tout le monde veut traîner avec elle… Ce que j'espère, c'est qu'elle voudra bien faire du camping cet été avec moi, j'ai vu une supertente chez Nature et Découvertes !

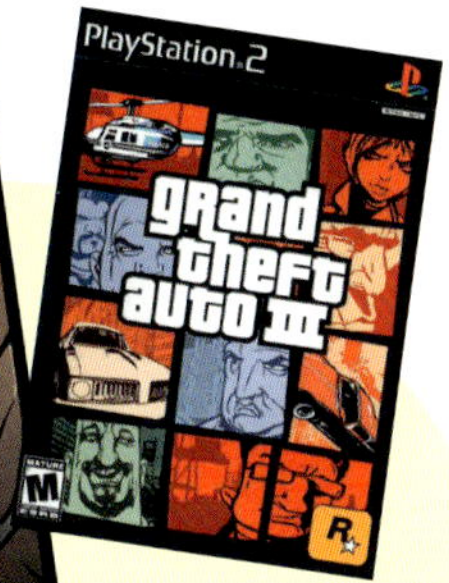

Les filles font du lèche-vitrines, les garçons regardent le foot à la télé : un cliché ? Pas toujours.

LA MODE DES ENFANTS

• ALLÔ, TU T'HABILLES COMMENT ? •

Impitoyable, l'univers de la mode ? Celui des cours de récré n'est pas mal non plus.

À chaque matin sa culotte, avec le jour de la semaine inscrit dessus. Les étourdies qui confondent le jeudi avec le mercredi ont bien du mal à se justifier. Mais dans les vestiaires de la piscine d'autres dangers guettent les coquettes : ne pas confondre ses vêtements avec ceux de sa copine. Elles sont quatre à s'être concertées : « Demain je porte ma mini-jupe écossaise, mets la tienne. » La cour de récréation serait-elle devenue une pension anglaise ? Bien sûr que non, elles se sont habillées comme les héroïnes d'un manga japonais. Émilie a même piqué la cravate de son grand frère ! Seulement les jupes se ressemblent toutes. Non, elle n'est pas à toi, glapit Marie, celle-ci est plus petite, je suis bien plus fine que toi ! Vexée, Émilie rétorque : « Oui mais moi, je suis bien plus grande, et je défile déjà. » Dylan passe la tête dans le vestiaire : « Eh ! Dépêchez-vous, la maîtresse vous attend. » Il est fou celui-là, oser rentrer chez les filles, heureusement que tout le monde est habillé ! « Tu as vu, il a mis tellement de gel que sa tête doit coller », se moque Delphine. « C'est quand même mieux que Félix, il ne change jamais de chaussettes ! » assure Agathe. « J'adore les garçons qui font attention à eux. – En tout cas, affirme Dylan qui a réapparu, nous on t'aime pas, t'as des vêtements nuls, des robes trop longues et t'as beau être blonde, t'es même pas belle. » Agathe sanglote. « Eh les filles ! Vous venez ? Vos mini-jupes sont super, encore mieux que celles de Sailor Moon. Avec Félix on voudrait se mettre avec vous dans le rang pour rentrer à l'école. » « Avec Félix ? intervient Agathe, eh bien un conseil, achetez des pinces à linge et surtout ne restez pas collées contre les cheveux de Dylan s'il vous fait un câlin ! »

Nike, Converse, ddp, LC Waikiki... La chasse aux marques est ouverte !

Streetwear ? Sportswear ? Peu importe, le survêtement c'est pratique, et même parfois élégant.

• TENDANCE •

Skater, gothique, rappeur, fluokid… difficile de s'y retrouver dans tous ces styles, surtout quand les ados les mélangent.

J'ai cherché partout mon short en jean : rien dans le placard, rien sous mon lit et rien dans la corbeille de linge sale. J'ai téléphoné à maman, elle était furieuse : « Élodie, tu sais que tu ne dois pas me déranger au travail, quant à ton short, cette horreur effrangée et trouée, je l'ai rangé avec les vêtements d'été, il fait trop froid maintenant pour le porter. » Justement, elle ne comprend rien, ma mère, c'est le top du style de mettre des shorts en automne. Avec mes potes, nous nous sommes rendues à la Halle pour acheter des collants de couleur : des rouges, des bleu électrique, et Margot en a même choisi un vert pomme. Nous nous sommes ensuite enfermées dans ma chambre pour faire des essayages. Chacune avait apporté sa paire de Converse, son short en jean et enfilé ses collants flashy. Il ne restait qu'à trouver le haut. J'ai privilégié un tee-shirt gris et mon sweat-shirt UCLA rapporté des États-Unis. Margot a essayé une blouse en soie couleur camel, ce qui a fait hurler de rire Julia : « Tes collants verts avec ce haut

Le manga a aussi investi les garde-robes. Bien que marginale en France, la mode Kawaii décoiffe.

jaune caca, c'est trop moche. » Vexée, notre amie rétorque : « Tu as vraiment l'intention de mettre ce body noir trop petit, avec tes gros seins, c'est d'un vulgaire ! » Heureusement Julia n'est pas susceptible et elle assume pleinement ses formes sensuelles. Elle complète sa tenue avec un petit pull court aux rayures multicolores. Ainsi prêtes, nous décidons d'aller retrouver nos amis. En chemin, nous croisons Amélia et ses copines gothiques. « Elles sont ridicules, toutes en noir comme Mercredi Addams », se moque Margot. Julia et moi, nous ne répondons pas, nous les trouvons plutôt stylées. Attention, voici la bande de Ben. Les garçons, vêtus de survêtements et chaussés de baskets de marques, nous entourent, tout en se moquant de nous. Nous jouons les indifférentes mais nous ne sommes pas trop rassurées : au collège Ben n'a pas une super réputation. Heureusement, nos potes arrivent et nous nous mettons à gravir lestement les escaliers de Montmartre pour nous poser en haut des marches, telle une nuée d'oiseaux multicolores.

CONFISERIES ET BOISSONS

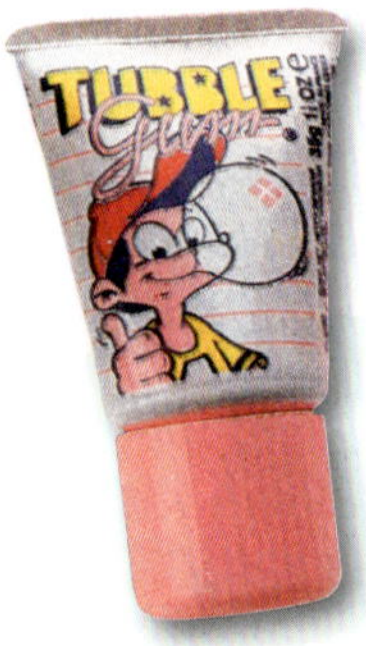

• SUCRE ET GRAS À TOUS LES ÉTAGES •

Si les enfants pouvaient, ils ne se nourriraient que de McDo et de bonbons. Heureusement que les parents veillent !

Aller au McDo, c'est bien, y organiser son anniversaire, c'est mieux. Le papa et la maman de Martin ont décidé de préparer la fête de leur fils dans le fast-food de leur quartier. Leur appartement est petit et recevoir dix copains et copines paraît difficile. Certes, c'est un peu onéreux, mais quelle tranquillité ! Il suffit d'accueillir les petits invités, de saluer rapidement leurs parents sans subir leur présence tout l'après-midi, et de s'asseoir sereinement sur une banquette en admirant le savoir-faire de l'hôtesse. Munie du petit guide de la parfaite animatrice, sésame obligatoire pour un après-midi de rêve, la jeune femme organise des jeux, porte des plateaux de hamburgers, de frites, de Coca-Cola, distribue des ballons à l'effigie de la célèbre marque. Deux heures de pur bonheur, de litres de boissons gazeuses, de nourriture grasse à souhait, de rires et de cavalcades entre les tables. Les bras remplis de cadeaux offerts par ses amis, Martin essaie maladroitement de distribuer de jolis petits sacs débordant de lassos colorés, de Frizzy Pazzy, de serpents en gélatine, de fraises Tagada, de soucoupes et de têtes brûlées, tout en disant au revoir à ses invités. Une telle avalanche de bonbons écœure les adultes pourtant aguerris aux nourritures les plus étranges. Mais les estomacs des petits gourmands ne semblent subir aucun dommage. D'ailleurs, quelques heures plus tard, Martin a très faim, il réclame, à grands cris, son dîner d'anniversaire : du poulet rôti, des pommes de terre, le tout arrosé de Champomy délicieusement pétillant. Sans oublier le moment tant attendu, la distribution des cadeaux de papa et maman, éclairée par la lueur tremblotante des huit bougies roses trônant sur l'énorme gâteau au chocolat.

Sushis et makis débarquent et petits et grands y succombent.

Ci-dessus : Kjetil André Aamodt, skieur alpin norvégien et recordman de titres.
Ci-contre : Florence Baverel-Robert.

Ci-contre : la Croate Janica Kostelić remporte trois médailles d'or et une d'argent en ski alpin aux JO de 2002.

• LES J.O. D'HIVER •

Salt Lake City (2002), Turin (2006)

À Salt Lake City, Mitt Romney est désigné comme président du Comité d'organisation, charge qu'il occupe avec succès si on excepte le scandale provoqué par la juge française lors de la compétition de patinage artistique, cette dernière ayant reconnu avoir favorisé le couple russe. Bien que jouant à domicile, les Américains terminent troisièmes derrière les Norvégiens et les Allemands. Les Français quant à eux décrochent une belle sixième place grâce à quatre médailles d'or dont une en... patinage artistique. Quatre ans plus tard à Turin, la France se classe moins bien. Elle termine dixième ex æquo avec les Pays-Bas et remporte trois médailles d'or : Vincent Defrasne et Florence Baverel-Robert en biathlon, et Antoine Dénériaz en descente de ski alpin. Les Allemands accumulent onze médailles d'or et se placent devant les États-Unis et l'Autriche. Mais c'est la Norvège qui crée la surprise des Jeux en ne terminant qu'à une triste treizième place.

Ci-contre : à Turin, la Suède remporte la finale de hockey sur glace face à la Finlande.

• LES J.O. D'ÉTÉ •

Athènes (2004), Pékin (2008)

Basés officiellement à Athènes, c'est en réalité toute la Grèce qui accueille les Jeux en 2004. Le pays termine à la quinzième place au classement général avec six médailles d'or, les États-Unis, la Chine et la Russie dominent les épreuves. La France quant à elle termine septième avec onze médailles d'or dont celles de Julien Absalon à VTT, d'Émilie Le Pennec en gymnastique et de Laure Manaudou en natation. En 2008, les J.O. de Pékin débutent dans une ambiance délétère. En effet, les États-Unis, le Royaume-Uni, l'Allemagne et le Japon boycottent la cérémonie d'ouverture afin de protester contre la politique chinoise au Tibet, le non-respect de l'environnement et la censure des journalistes. Côté sportif, Usain Bolt en athlétisme, Zou Kai en gymnastique artistique, Stéphanie Rice en natation et Chris Hoy en cyclisme montent trois fois sur la première marche du podium. Les Français repartent avec une dixième place et sept médailles d'or grâce, entre autres, au nageur Alain Bernard.

Ci-dessus : Michael Phelps entre dans la légende en gagnant six médailles d'or et deux de bronze en 2004, puis huit d'or en 2008. Ci-dessous : Usain Bolt pulvérise tous les records en 2008.

Ci-contre : Laure Manaudou aux J.O. de 2004. Ci-dessous : Alain Bernard.

• UNE DÉCENNIE EN MONTAGNE RUSSE •

Les supporters français n'ont que peu de raisons de se réjouir dans les années 2000.

Pour tout enfant né dans les années 1990, les premiers souvenirs de football sont liés aux victoires de l'équipe de France à la Coupe du monde 1998 et à l'Euro 2000. La suite est un peu plus compliquée pour tout supporter tricolore. Les Bleus sont sortis dès le premier tour sans marquer un seul but en Corée du Sud en 2002, ils échouent ensuite deux ans plus tard au Portugal face à la Grèce en quarts de finale. En 2008,

Raymond Domenech et Thierry Henry lors du match de barrage contre l'Irlande en 2009.

MURRAY FAIT CRAQUER NADAL

MASSA RELANCÉ, BOURDAIS MITIGÉ

L'EQUIPE

QUE ÇA CHANGE, ET VITE

Éric Abidal fauche Luca Toni en 2008… Penalty, carton rouge ; la France rentre au pays beaucoup plus vite que prévu.

Ci-contre et ci-dessous : les Pays-Bas, finalistes en 2010, défaits par l'Espagne et son coach Vicente del Bosque.

c'est la catastrophe avec une élimination dès la phase de poules, et c'est la honte en 2010 en Afrique du Sud avec une grève incompréhensible et une élimination sans gloire qui sonne le glas de l'ère Domenech. Heureusement, il y a le Mondial de 2006. Après deux matchs nuls contre la Suisse et la Corée du Sud, les Tricolores sont prédestinés à la victoire face au Togo (2-0). Après ? Une balade de santé ou presque : l'Espagne (3-1), le Brésil (1-0), le Portugal (1-0). Un parcours de champions jusqu'à la douche froide : le fameux coup de boule de Zizou sur Materazzi en finale face aux Italiens.

Michael Schumacher.

Schumacher tout en haut !

La F1 de la fin des années 1990 et du début des années 2000 est dominée par Michael Schumacher et le retour d'une écurie mythique, la Scuderia Ferrari. L'Allemand gagne avec le constructeur italien soixante-douze de ses quatre-vingt-onze victoires et est sacré cinq fois champion du monde. En pause entre 2007 et 2009, il laisse d'autres pilotes émerger, mais aucun n'égale le palmarès du maître. Fernando Alonso est sacré champion du monde deux années de suite avant de laisser sa place à Kimi Räikkönen, Lewis Hamilton ou encore Jenson Button.

• LE SPORT AUTOMOBILE •

Kimi Räikkönen et Fernando Alonso en 2007.

En 2009, en raison de conditions climatiques insupportables, le Grand Prix de Sepang est arrêté, le classement de la course est gelé et les pilotes ne reçoivent que la moitié des points.

Noirci par le dopage.

Durant les années 2000, le cyclisme fait régulièrement la une des journaux pour des histoires de dopage. Plusieurs gagnants du Tour de France se voient même retirer leur titre pour usage de produits dopants. C'est le cas de Lance Armstrong, « vainqueur » entre 2001 et 2005, et Floyd Landis en 2006. La même année éclate l'affaire Puerto qui entraîne l'exclusion de certains favoris de la course comme Jan Ullrich, Ivan Basso et Francisco Mancebo. Mais le Tour de France offre aussi de grands moments d'émotion comme en 2003, année du centenaire de la course. Les cyclistes passent par les villes étapes de la première édition de 1903. Les Espagnols dominent la compétition entre 2006 et 2009 avec Óscar Pereiro, Alberto Contador, deux fois vainqueur, et Carlos Sastre, avant que le luxembourgeois Andy Schleck mette fin à l'hégémonie ibère.

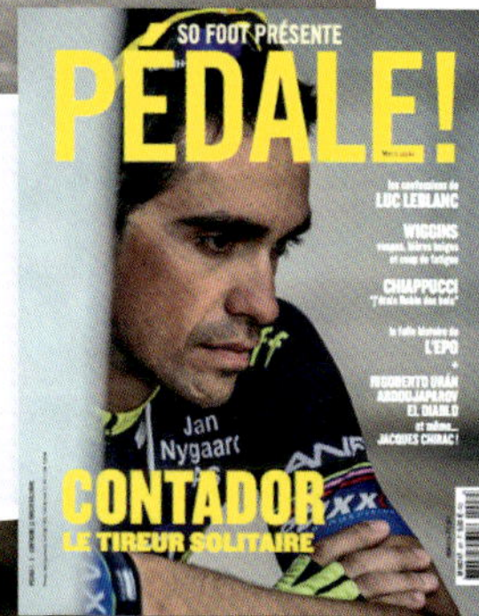

Ci-dessus : le peloton lors de l'arrivée du Tour de France 2010.
Ci-dessous : Lance Armstrong à l'échauffement.

• LE CYCLISME •

Ci-contre : impliqué dans l'affaire Festina, Richard Virenque est aussi le coureur qui a remporté le plus de fois le maillot à pois du meilleur grimpeur.

Ci-dessus : Nadal, Federer, deux monstres sacrés.
Ci-contre : Gustavo Kuerten chouchou et triple vainqueur de Roland-Garros.

• DEUX GRANDS RIVAUX •

Nadal, Federer… et c'est tout.

Depuis 2003, Roger Federer compte dix-sept Grand Chelem, Rafael Nadal, treize ! Del Potro, Murray et Djokovic ont bien réussi à gratter quelques titres, mais ils sont loin du niveau du Suisse et de l'Espagnol. Pour les Français, c'est encore plus difficile. Richard Gasquet, grand espoir tricolore, ne parvient pas à confirmer ses résultats et ne dépasse pas la septième place au classement ATP. Gaël Monfils et Jo-Wilfried Tsonga gagnent quelques tournois et atteignent même les demi-finales en Grand Chelem et une finale pour le second, mais ils sont loin de contester l'hégémonie des deux champions. Du côté féminin, aucune joueuse ne se détache réellement. Si, au début de la décennie, le tableau est dominé par les Américaines (les sœurs Williams, Capriati, Davenport), les joueuses de l'Europe de l'Est prennent rapidement le dessus (Sharapova, Ivanović, Kuznetsova) et seules deux Belges résistent (Henin, Clijsters). Du côté français, Amélie Mauresmo remporte l'Open d'Australie et Wimbledon en 2006 et marche sur les pas de son aînée Mary Pierce, dernière gagnante hexagonale d'un Grand Chelem en 2000 à Roland-Garros.

Ci-contre : Amélie Mauresmo sur le court de Roland-Garros. Au-dessus : Venus et Serena Williams.

Antoine Rigaudeau aux Jeux Olympiques de 2000.

Autre joueur français évoluant en NBA, Nicolas Batum, sous le maillot des Trail Blazers de Portland.

• LE BASKET •

Le renouveau tricolore ?

Après une décennie 1990 compliquée, les basketteurs français reprennent du poil de la bête aux Jeux olympiques de 2000 avec une finale, certes perdue sur un score serré (85-75), mais avec une médaille d'argent à la clef. L'équipe de France n'arrive cependant pas à capitaliser sur cet encourageant résultat. Quatrièmes au championnat d'Europe 2003, troisièmes à ceux de 2005 et cinquièmes au Mondial 2006, les tricolores ne se qualifient pas pour les J.O. d'Athènes et sont éliminés dès les quarts de finale de l'Euro 2007.

Mais la France se distingue surtout par l'éclosion d'un champion : Tony Parker. Joueur majeur des Spurs de San Antonio, le Français affiche des statistiques exceptionnelles et affole la NBA.

Tony Parker s'impose comme le patron de l'équipe de France au fil des années 2000.

« Darcos démission, pour sauver l'éducation ! » Entre octobre et décembre 2008, les lycéens battent le pavé afin de protester contre la réforme de l'éducation proposée par le ministre Xavier Darcos.

Indignez-vous ! Publié en 2010, le phénomène éditorial de Stéphane Hessel, vendu 3 euros, engendre des mouvements comme Occupy Wall Street ou Les Indignés en Espagne.

PREMIERS ÉLANS, PREMIÈRES RÉVOLTES, PREMIERS ÉMOIS

La révolution 2.0 serait-elle la plus efficace ? Le collectif d'hacktivisme Anonymous prône la désobéissance civile et utilise Internet pour défendre anarchiquement la liberté d'expression. Une idéologie qui plaît aux jeunes… et pas seulement aux geeks.

Mai 2012, élections présidentielles. Pour ceux nés début 1994, c'est le premier vote. Entre un président sortant qui attise les passions et un candidat qui cherche à être un président « normal », les jeunes découvrent la politique, réfléchissent et choisissent leur camp.

Christina Hendricks et Dita von Teese mettent fin au règne des mannequins filiformes.

Robert Pattinson et Kristen Stewart perpétuent la tradition des vampires sexy.

Nudité et provocation pour Miley Cyrus, look propret pour Harry Styles des One Direction, peu importe : les ados s'enflamment pour leurs stars sur les réseaux sociaux.

Tabasser un inconnu à grands coups de marteau, écraser le visage d'un rival avec sa chaussure, Ryan Gosling peut tout se permettre dans *Drive,* surtout d'être le nouveau sex symbol.

Les sportifs soigneraient-ils plus leur look que leurs performances ? David Beckham, lui, excelle dans les deux disciplines.

LA MUSIQUE DES ENFANTS

• FINIES LES COMPTINES •

Les chansons de Walt Disney ont toujours autant la cote auprès des enfants, mais les boys bands et les rappeurs trouvent dorénavant aussi leur place dans les oreilles des plus jeunes.

Assez des comptines que Papa ou Maman veulent absolument faire écouter à leurs enfants dans la voiture pour qu'ils restent en place pendant les longs trajets ! Les plus petits préfèrent désormais entonner à tue-tête les standards de Disney, comme « Hakuna Matata », extrait du *Roi Lion,* ou « L'Air du vent », interprété par Pocahontas. Bien sûr, les chansons de Chantal Goya, ou extraites d'*Émilie Jolie,* restent des classiques indémodables, et lorsqu'en 1998 et en 2000 Henri Dès se produit à l'Olympia, de nombreux parents se précipitent pour emmener leurs chères têtes blondes à leur premier concert. Les enfants se muent alors en fans face à Henri Dès et à sa guitare. Anne Sylvestre n'est pas en reste. Les multiples volumes de ses impertinentes « Fabulettes » se classent systématiquement en tête des meilleures ventes d'albums pour enfants et sont adoptés par le corps enseignant. Pourtant, les plus jeunes réclament maintenant d'écouter la même chose que leurs aînés ! Les singles d'Alizée ou de Lorie, de boys bands comme les 2Be3 ou Alliage, des titres extraits de comédies musicales (*Notre-Dame de Paris, Roméo et Juliette*) remplacent les naïves comptines dans les Walkman des plus jeunes. Désormais, les enfants imposent leurs goûts ! Et, dans la voiture, toute la famille écoute la même radio…

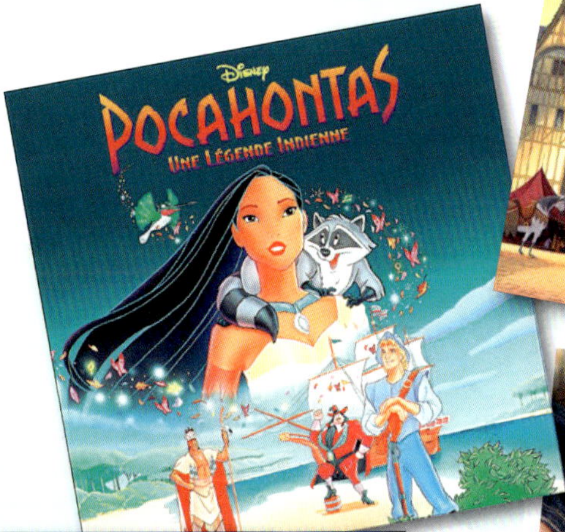

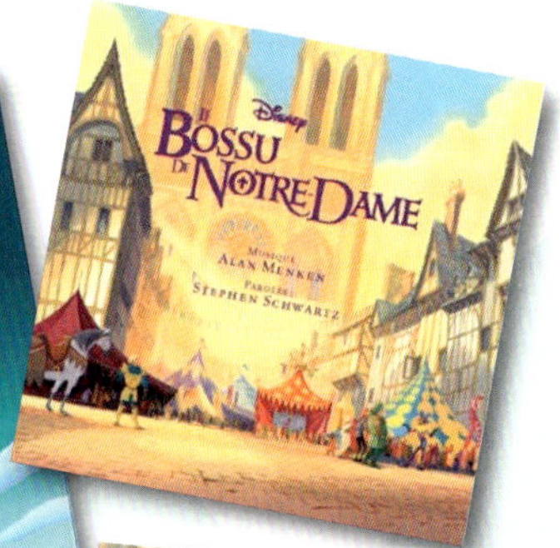

Bien que nés en 1940 et en 1942, Henri Dès et Chantal Goya sont toujours aussi populaires auprès des enfants.

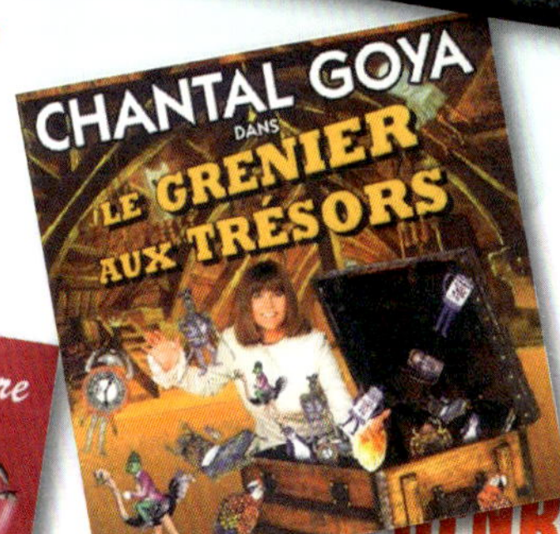

• VU À LA TÉLÉ •

Les chaînes de télévision rivalisent d'émissions musicales pour trouver la nouvelle pépite.

L'industrie du disque s'effondre, mais certains artistes tirent toujours leur épingle du jeu. Johnny Hallyday – *Ma vérité* (2005), *Le Cœur d'un homme* (2007), *Ça n'finira jamais* (2008) – Mylène Farmer – *Avant que l'ombre* (2005), *Bleu noir* (2010) – Vanessa Paradis – *Divinidylle* (2007) sont les éternels numéros 1, rejoints en tête des charts par Yannick Noah – *Pokhara* (2003), *Charango* (2006), *Frontières* (2010) – et une nouvelle génération composée de Calogero, Bénabar, Zaz, Christophe Maé... Les émissions « Popstars », « Star Academy », « À la recherche de la nouvelle star » auront déniché plus d'un talent durant les années 2000. L5, Olivia Ruiz, Jenifer, Christophe Willem, tous sortent de cette nouvelle télé-crochet.

LA MUSIQUE DES ADOS

Le R'n'B et la soul redeviennent « tendance » avec Norah Jones, Joss Stone et Amy Winehouse, dignes descendantes de Sarah Vaughan et Ella Fitzgerald.

Les ados et les parents se sont toujours disputés à propos de musique. Le rock, une musique de sauvage pour jeunes écervelés ? Plus maintenant ! Les concerts d'AC/DC, des Rolling Stones, de Metallica et de U2 rassemblent trois générations de spectateurs. Le désaccord se joue dorénavant ailleurs. Aux succès commerciaux de Placebo, Linkin Park, Green Day, Coldplay, Evanescence, d'autres opposent l'authenticité des Strokes, The Libertines ou des White Stripes. Mais lorsqu'il s'agit de danser, les ados se tournent vers d'autres artistes. Lady Gaga, Mika, David Guetta, les Black Eyed Peas dynamisent les dance floors. Madonna, malgré son album *Confessions on a Dance Floor* (2005), a du souci à se faire. Si il y a un genre qui n'est pas prêt de s'éteindre c'est bien le rap. La France constitue le deuxième marché au monde. Les Américains 50 Cent, Kanye West et Jay-Z sont de véritables stars mais la France n'a pas à rougir de ses artistes. Booba, Diam's, MC Solaar ou encore Abd al Malik portent haut l'étendard du rap.

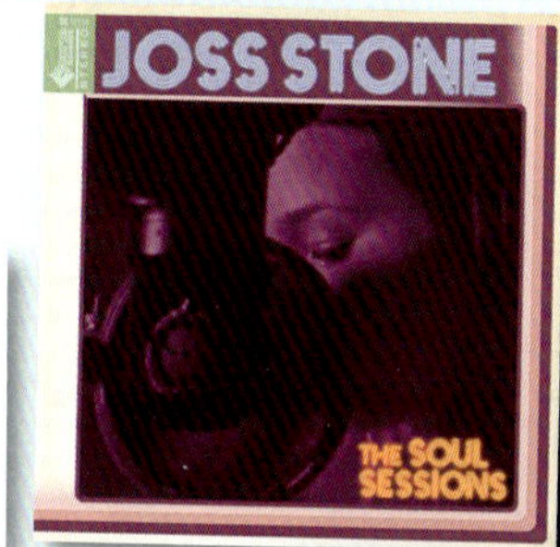

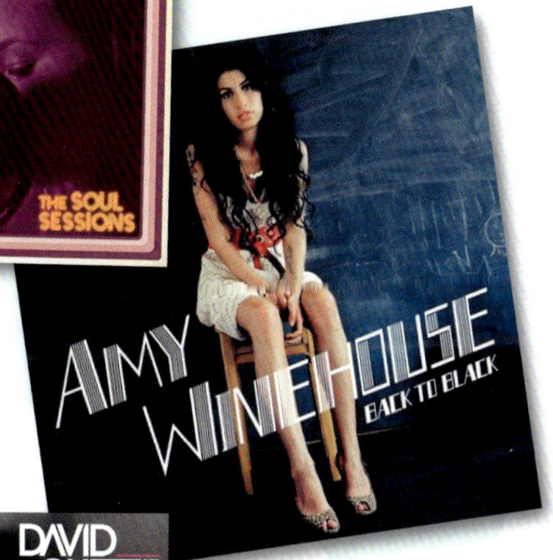

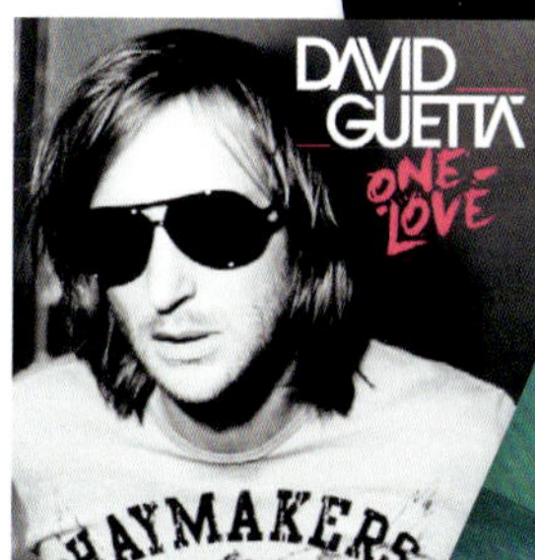

• LE NOUVEL ÂGE D'OR •

Face à une multitude de titres, il est parfois difficile de choisir un magazine. Heureusement, les parents sont prêts à vous en acheter plusieurs.

Les héros de Walt Disney sont toujours bien implantés dans les kiosques avec de nombreux titres comme *Le Journal de Mickey, Picsou Magazine, La Jeunesse de Picsou, Super Picsou Géant, Mickey Parade* qui allient histoires, jeux, concours, etc. *Spirou Magaziiine* devient au cours des années *Spirou* sous l'impulsion de son nouveau rédacteur en chef, Thierry Tinlot. Certaines séries font toujours les beaux jours du magazine (*Cédric, Les Tuniques bleues, Kid Paddle*), mais la publication évolue et intègre de nouvelles histoires qui paraissent ensuite en album complet chez Dupuis (*Cactus Club, Seuls, Les Crannibales*). Spirou, Mickey et Picsou se partagent le marché… jusqu'à ce qu'un petit bonhomme à houppette blonde, Titeuf, y débarque. Imaginé par Zep et Jean-Claude Camano, *Tchô ! Le Magazine* sort pour la première fois le 30 septembre 1998 et présente de nombreux personnages : Malika Secouss, Samson et Néon, Marie Frisson… Mais les parents aimeraient bien que leurs enfants passent moins de temps à lire des bandes dessinées et plus à s'instruire. Heureusement ! Pour cela aussi il y a des magazines spécialisés. Milan et Bayard se disputent le marché de la presse documentaire jeunesse avec des titres comme *Youpi, Petites mains, Wapiti, Moi je lis, Je bouquine*. D'autres revues (*Arkéo Junior, Science & Vie Découvertes*) confortent les enfants dans leurs rêves d'exploration et de découvertes spatiales. Et comment habituer les plus jeunes à lire la presse ? En créant un quotidien pour eux ! *Le Monde des ados, Le Journal des enfants, Mon Quotidien* et *Mon Petit Quotidien* amènent les jeunes à lire régulièrement un journal.

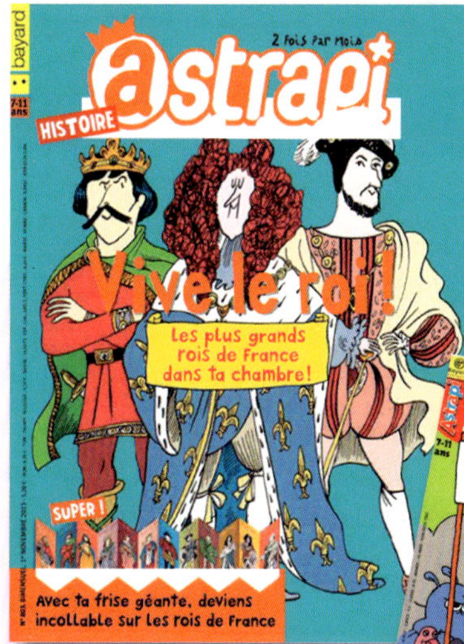

Astrapi est un bimensuel dédié aux 7-11 ans, édité depuis 1978 par Bayard Presse.

Même les bébés ont leur journal à présent.

• UN GENRE INÉPUISABLE •

La violence d'Akira, les bêtises de Titeuf, les aventures de Blake et Mortimer, on trouve de tout en bande dessinée.

Pas évident de faire accepter le manga en France dans les années 1990. Comment éditer des histoires qui se lisent de droite à gauche avec des dessins aussi éloignés de notre culture ? Deux décennies plus tard, *Dragon Ball Z, Akira, One Piece, Naruto* et bien d'autres ont prouvé que c'était possible. 151 nouveautés en 1998, 1522 en 2010, des Japan Expo de plus en plus importantes, la France a bien succombé au raz-de-marée japonais. Mais si le manga est une véritable réussite, la BD « traditionnelle »

La BD s'ouvre de plus en plus aux filles avec des séries comme *Marion Duval, Mademoiselle Louise, Mélusine, Tamara...*

Véritable stakhanoviste du scénario, Raoul Cauvin accumule les séries à succès : *Cédric*, *Les Tuniques bleues*, *Les Femmes en blanc*, *Les Psy*...

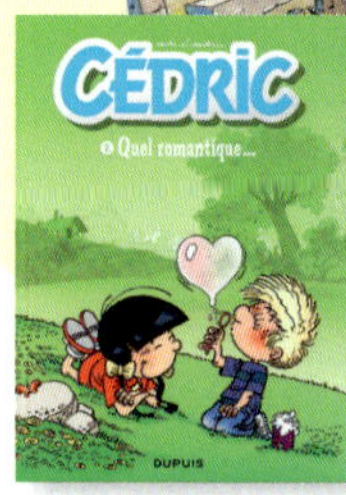

belge et française n'a pas disparu pour autant. Les succès des séries *Lucky Luke* repris par Achdé ou Laurent Gerra, *Blake et Mortimer* relifté par Yves Sente et André Juillard et *Astérix et Obélix* avec Uderzo seul aux commandes prouvent combien les classiques séduisent toujours la jeune génération. La BD, c'est aussi et surtout des crises de fou rire garanties. Entre les héros à l'imagination débordante lorsqu'il s'agit d'élaborer des bêtises de grande envergure (*Cédric, Titeuf, Le Petit Spirou, L'Élève Ducobu*) et les séries à l'humour corrosif comme *Les Blondes* ou *Les Nombrils,* le lecteur n'a pas fini de rire aux éclats.

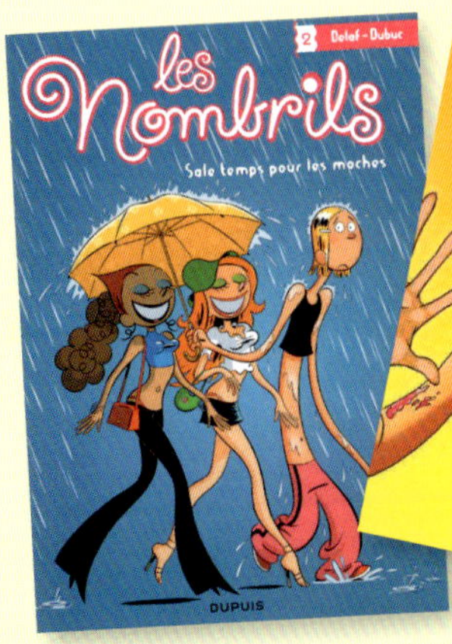

LES LIVRES POUR ENFANTS

• NOS HÉROS PRÉFÉRÉS •

Lire en classe, c'est rébarbatif ; mais heureusement, il existe quelques auteurs capables d'attirer les enfants vers la littérature.

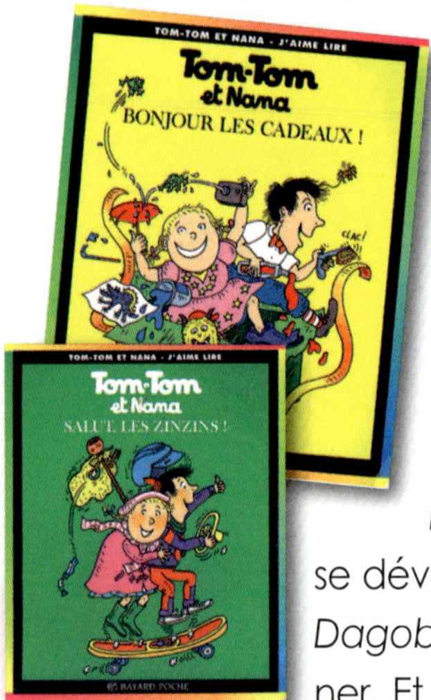

La lecture n'est pas toujours le loisir préféré des enfants. Pourtant, quand ils tiennent dans les mains un livre qui leur plaît, rien ne peut les en faire décrocher. *Les Aventures de Tom-Tom et Nana* ? Un régal ! *Max et Lili* ? Ces livres pédagogiques se dévorent. Apprendre à lire avec *Dagobert* ? Cela semble fonctionner. Et quel bonheur de pouvoir se plonger dans de longues sagas à rebondissements. *Les Désastreuses Aventures des orphelins Baudelaire, Harry Potter, Les Royaumes du Nord* accompagnent toute une génération de jeunes lecteurs. Face à la multiplication des ouvrages de littérature jeunesse, il n'est pas toujours évident de faire son choix. Si les parents continuent de faire confiance aux auteurs de l'École des Loisirs comme Susie Morgenstern (*Le Sac à dos d'Alphonse, Sa Majesté la Maîtresse*) ou Moka (*Je m'excuse*), les enfants ont aussi un faible pour Jacques Duquennoy (*Le Dîner fantôme*), Béatrice Rouer (*Papy retourne à l'école*), ou encore Martin Auer (*Sophie Petiradis et le Grand Gypaète barbu*). Pour ceux qui voient la littérature comme une perte de temps, il y a les ouvrages éducatifs. *Copains des Bois, Le Livre des découvertes et des inventions, Petits Européens de l'Est, du Nord et d'ailleurs*… autant de raisons de voyager et de s'instruire.

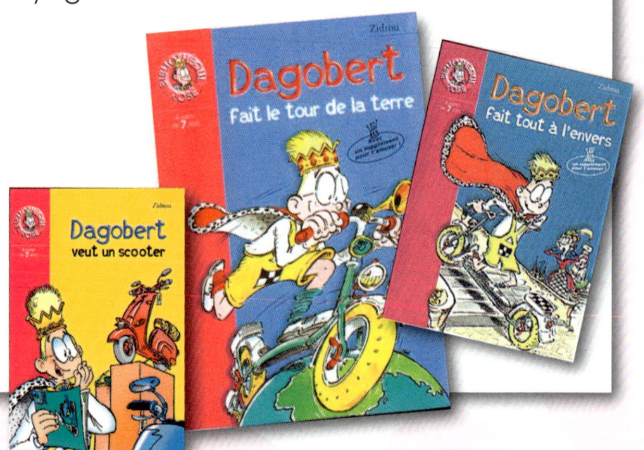

Créée en 1992 dans le journal *Astrapi*, la série des « Max et Lili » de Dominique de Saint Mars et Serge Bloch est ensuite éditée chez Calligram et compte plus d'une centaine de titres.

• POUR TOUS LES GOÛTS •

***Heroic fantasy* pour les garçons, *chick lit* pour les filles, les romans pour ados paraissent stéréotypés, mais ce n'est qu'une façade : il n'est pas rare de voir filles et garçons s'échanger leurs livres préférés.**

Attention, les vampires reviennent ! Le *Dracula* de Bram Stoker n'est toujours pas démodé, mais si les buveurs de sang sont remis au goût du jour, c'est surtout grâce à la série *Twilight*. Frisson garanti aussi avec les épopées fantastiques *Le Seigneur des Anneaux, Le Trône de fer, Le Monde de Narnia, Les Chroniques de Thomas Covenant* qui permettent aux jeunes de voyager dans des mondes inconnus et de développer leur imaginaire. Et pour les plus téméraires ? *Ennemis intimes* de David Hill sur l'automutilation ou *Angemort* de Sire Cédric sur un collectionneur de cadavres devraient faire l'affaire.

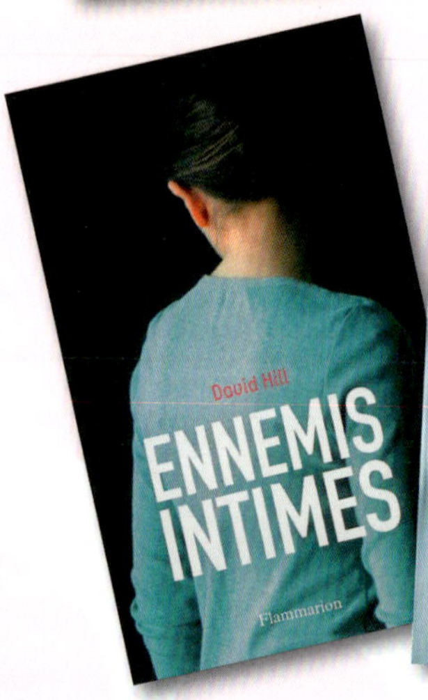

Les échanges épistolaires des *Liaisons dangereuses* paraissent un peu dépassés ? Ça tombe bien, *Connexions dangereuses* propose une réécriture à l'heure d'Internet.

Publié en 1938, *Inconnu à cette adresse* de Kathrine Kressmann Taylor constitue un classique lu par des milliers d'adolescents.

Mais pour vibrer et être tenu en haleine, rien de mieux qu'un bon polar. *Le Crime de l'Orient Express, Le Chien des Baskerville, Le Grand Sommeil* prouvent que les classiques restent irremplaçables dans le cœur des adolescents. Et *Serial qui leurre* ou *L'Agence Cherub* renouvellent le genre et trouvent leur place dans les bibliothèques des jeunes.

Les filles fan de mode peuvent prolonger leur passion à travers leurs lectures. *Confessions d'une accro au shopping, Le Diable s'habille en Prada* leur permettent de relativiser leur obsession pour le shopping… et surtout d'en rire. Dans une veine proche, *Les Tribulations de Tiffany Trott, Le Journal de Bridget Jones* racontent les déboires et les succès de filles pas si ordinaires. La « chick lit » – comprenez la littérature pour les filles écrite par les filles – a encore de beaux jours devant elle.

LE CINÉMA ET LES ENFANTS

• LA LOI DES SÉRIES •

Plus d'excuses pour ne pas aller au cinéma le mercredi, accueillir l'un de nos héros préférés !

Grâce à l'avènement de la 3D, les studios d'animation sont de plus en plus prolifiques. Disney, Pixar, DreamWorks, et leurs productions, comme *Hercule, 1001 pattes, Mulan, Chicken Run, Monstres et Cie, Shrek,* ou encore *L'Âge de glace* remportent l'adhésion des petits et de leurs parents. L'ogre Shrek ou Scrat l'écureuil survolté deviennent leurs mascottes, on les retrouve sous la forme de produits dérivés sur les cartables et dans les chambres. De nombreuses suites de films d'animation à succès sortent, au cinéma ou directement en VHS et DVD ; ainsi les plus jeunes découvrent les héros de leurs aînés dans *Pocahontas 2, Le Roi Lion 2, Winnie l'Ourson 2, Les 101 Dalmatiens 2* ou encore *Toy Story* 2. Le Studio Ghibli, studio d'animation japonais mené par le dessinateur Hayao Miyazaki, enchaîne les succès avec *Princesse Mononoké* en 1997, *Le Voyage de Chihiro* en 2001 et *Le Château ambulant* en 2004. Bien que ces films d'animation soient destinés à un public adulte, les enfants sont conquis par leur poésie et leur onirisme. Côté films, le premier volet de la saga *Harry Potter* balaie tout sur son passage. *Pirates des Caraïbes, Le Monde de Narnia* ou *Indiana Jones et le Royaume du crâne de cristal* profitent aussi du goût du public pour les sagas et les cycles.

S'il ne fallait en retenir qu'un, ce serait lui : Harry Potter, le héros de toute une génération. Entre 2001 et 2011, Daniel Radcliffe (Harry Potter), Rupert Grint (Ron Weasley) et Emma Watson (Hermione Granger) ont bravé tous les dangers de Poudlard.

Un visiteur
venu d'ailleurs.

LA TÉLÉ ET LES ENFANTS

• PASSE-MOI LA TÉLÉCOMMANDE ! •

Pas d'école aujourd'hui, on a le droit de regarder la télé. C'est parti pour un festival de dessins animés !

On a l'embarras du choix entre *La Planète de Donkey Kong, Anime ton week-end, DKTV Stars, Anim +, Kaz'Manga, Les Minikeums* ou encore *KD2A*… les émissions destinées au jeune public proposées par les chaînes sont nombreuses. On y retrouve les *Pokémon, Yu-Gi-Oh !, Cédric, Titeuf, Les Razmokets, Les Aventures d'une mouche, Martin Matin, Marsupilami*… Pourtant, les tout-petits, eux, préféreraient regarder *Debout les Zouzous* sur France 5, mais leurs aînés trouvent que *Bob le Bricoleur, Le Bus magique* ou *Les Histoires du père Castor,* c'est vraiment pour les bébés. Alors, pour leur faire plaisir, on met les aventures de la tortue Franklin, puis finalement, tout le monde tombe d'accord quand sont diffusés *Oggy et les cafards* ! En plus des dessins animés, il y a les séries, celles dont étaient déjà fans les grands frères et les grandes sœurs : *Dawson, Hartley, cœurs à vif, Friends,* et surtout *Malcolm*. Les enfants se reconnaissent dans ce petit génie de 11 ans forcé de cohabiter avec les membres de sa famille plus fous les uns que les autres. Et pour ceux dont les parents surveillent de près ce qu'ils regardent à la télé, il reste *Ça cartoon,* chaque dimanche, après le bain. *Bugs Bunny, Bip-Bip et le coyote, Tom et Jerry* sont des classiques qui séduisent toute la famille !

Loin des dessins animés stéréotypés, *Les Simpson, South Park, Futurama* ou bien encore *Family Guy* mettent en avant des personnages bêtes et méchants qui accumulent les bêtises et les gaffes dans un monde souvent surréaliste.

• 22 V'LA LES FLICS OU SOS MÉDECIN ? •

De haut en bas : *Sons of Anarchy, Les Soprano, Dr House, Les Experts à Miami,* ça décoiffe sur le petit écran.

Policiers ou médecins ont de tout temps alimenté les histoires du petit écran, et ce n'est pas maintenant que cela va changer.

Les séries policières constituent un domaine privilégié pour les producteurs de télévision, et ce, depuis des décennies. Mais *Kojak, Starsky et Hutch, Chips* prennent un coup de vieux devant les génies de la police scientifique. Avec *Les Experts, NCIS : Enquêtes spéciales, New York, Police judiciaire,* maintenant, les policiers du petit écran réfléchissent et analysent avant de passer à l'action. Les histoires stéréotypées et manichéennes ont fait long feu. Le jeune public veut des personnages complexes et pas toujours sympathiques, de nombreuses séries mettent alors au premier plan de véritables *bad boys.* Qui a envie de se retrouver face à la horde de motards de *Sons of Anarchy,* d'avoir comme voisin Tony Soprano, ou d'être contrôlé par le flic ripoux Vic Mackey de *The Shield* ?

Ci-contre : On pleure de rire devant *How I Met Your Mother,* on est captivés par *The Shield.*

LA TÉLÉ ET LES ADOS

***Desperate Housewives, Cold Case, Gossip Girl* : les femmes tiennent les premiers rôles !**

George Clooney restera le symbole du médecin sexy dans *Urgences,* mais il a maintenant de la concurrence. Entre les as de la chirurgie esthétique Sean McNamara et Christian Troy de *Nip/Tuck,* l'humour grinçant de *Dr House* et l'équipe médicale de *Grey's Anatomy,* les hôpitaux ont de nombreuses histoires à raconter. Les sitcoms et séries comiques quant à elles constituent de véritables rendez-vous quotidiens pour les adolescents et posent de terribles questions existentielles. Qui est la femme de Ted dans *How I Met Your Mother* ? Penny est-elle en train de tomber amoureuse du geek Leonard de *The Big Bang Theory* ?

Avec *Misfits* et *Skins*, les ados deviennent eux aussi des héros de série TV.

LA RADIO

• VIVE LA LIBRE ANTENNE ! •

Liberté de ton, nouveaux animateurs, arrivée des réseaux sociaux, la radio mute à vitesse grand V.

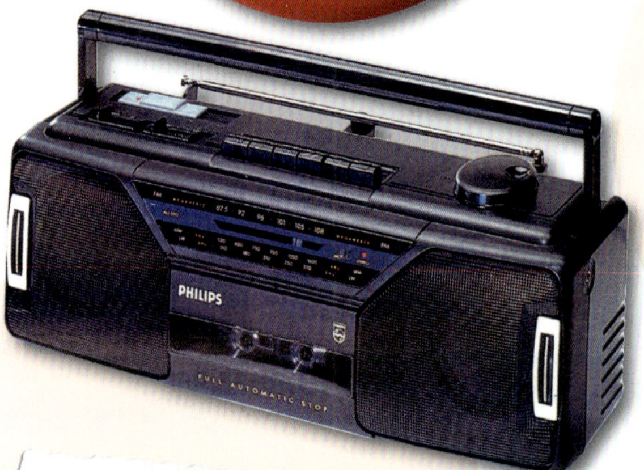

Si nos parents restent fidèles à leur radio, notre génération préfère passer d'une fréquence à une autre à la vitesse de l'éclair. Avec, à la fin des années 1990, la création de nouvelles stations et l'apparition de présentateurs (qui disparaissent aussi vite ou vont chez la concurrence), les jeunes ont la parole. Ainsi « l'esprit rock » du Mouv', « l'Odyssée du Rock » et « Bring the Noise » sur Ouï FM, nous font constamment découvrir de nouveaux artistes. Animateur sur Rire & Chansons, Maurad se fait connaître avec ses canulars téléphoniques. Il déménage ensuite sur NRJ dans l'émission « Accord parental indispensable ».

Pierre Bellanger, fondateur et directeur général de Skyrock.

Pour les amoureux du rap, l'âge d'or de la radio se situe certainement entre 1998 et 2005. Durant ces sept années, JoeyStarr et les DJ – DJ Spank et DJ Naughty J. – du B.O.S.S. animent chaque jeudi leur émission sur Skyrock. Mais se contenter d'écouter la radio, c'est ringard. Avec les réseaux sociaux, on ne reste plus l'oreille collée au poste, maintenant, on suit tout sur Internet. Chaque station propose ses podcasts et ses webcams. De notre côté, on commente sur les sites des stations, sur MSN ou sur nos Facebook ce qui se déroule à l'antenne. Internet et radio sont devenus indissociables. Encore plus depuis la création des services d'écoute de musique en streaming comme Deezer ou Spotify. Dorénavant, nous sommes les présentateurs de nos propres radios.

le mouv

JoeyStarr (ci-dessus) et Maurad (à droite), les rois de la provocation.

LES SOURCES

Toutes les photographies et illustrations non créditées et non mentionnées ci-dessous proviennent de la collection privée de La Bande du Drugstore.

Crédits photographiques:
P. 6: Nirvana © United Archives GmbH/Alamy Stock Photo; Habyarimana © AGIP/Bridgeman Images; Ionesco © Louis Monier/Gamma-Rapho via Getty Images. P. 7: Mandela © CSI Productions/Alamy Stock Photo; *Pulp Fiction* © PictureLux/The Hollywood Archive/Alamy Stock Photo; détournement GIA © Reuters/Éric Camoin/Bridgeman Images; accident Senna © Alberto Pizzoli/Sygma/Sygma via Getty Images; Rey © Alain Nogues/Sygma/Sygma via Getty Images. P. 10: *Info-Matin* © Jacques Langevin/Sygma/Sygma via Getty Images; *Charles-de-Gaulle* © Patrick Aventurier/Gamma-Rapho via Getty Images; inauguration Eurotunnel © Pool Photograph/Corbis/Corbis via Getty Images. P. 11: Chauvet © Fine Art Images/Heritage Images/Getty Images; Yahoo! © Eric Sander/Getty Images. P. 13: fillette © Laura Dwight/Alamy Stock Photo; *Monstres et Cie* © Coll. Christophel; petites filles © Dann Tardif/Getty Images. P. 14: Hendrix © Allstar Picture Library Ltd/Alamy Stock Photo; Rihanna © Adam Orchon/Everett Coll./Bridgeman Images; Rolling Stones © Granger/Bridgeman Images. P. 15: guitare © Wacpan/Alamy Stock Photo; chambre © Philippe Lissac/Getty Images. P. 17: école © Godong/Alamy Stock Photo; professeure © Hervé Donnezan/Alamy Stock Photo. P. 18: lycée Turgot, Paris © Claude Szmulewicz/Alamy Stock Photo. P. 19: *Entre les murs* © Haut et Court/France 2 Cinéma/Coll. Christophel. P. 21: petite fille © Loisjoy Thurstun/Alamy Stock Photo. P. 23: Playmobil © Matthew Chattle/Alamy Stock Photo. P. 24: shopping © Design Pics/Alamy Stock Photo; Eurockéennes © Éric Catarina/Gamma-Rapho via Getty Images. P. 25: Mario © Chris Willson/Alamy Stock Photo; terrain de basket, Paris © Andreas Keuchel/Alamy Stock Photo; ados devant la TV © Agencja Fotograficzna Caro/Alamy Stock Photo. P. 29: Kilo Shop © edpics/Alamy Stock Photo; kawaii © Chris Willson/Alamy Stock Photo. P. 31: sushis © Oleksandra Naumenko/Alamy Stock Photo. P. 32: Baverel-Robert © B. Thissen/dpa picture alliance archive/Alamy Stock Photo; Aamodt © Ron Jenkins/Fort Worth Star-Telegram/KRT/Cameleon/Abaca Press/Alamy Stock Photo; Kostelic © PA Images/Alamy Stock Photo; finale Suède/Finlande © Nicolas Gouhier/Abaca Press/Alamy Stock Photo. P. 33: JO 2008 © Aflo Co., Ltd./Alamy Stock Photo; Manaudou © PCN Photography/Alamy Stock Photo; Bolt © Pat Benic/UPI/Alamy Stock Photo; Phelps © dpa picture alliance/Alamy Stock Photo. P. 34: Abidal & Toni © Allstar Picture Library Ltd/Alamy Stock Photo; Domenech & Henry © Nicolas Gouhier/Cameleon/Abaca Press/Alamy Stock Photo. P. 35: finale Afrique du Sud/Espagne © PA Images/Alamy Stock Photo; Del Bosque © Marcus Brandt/dpa picture alliance archive/Alamy Stock Photo. P. 36: GP Malaisie © Jens Buettner/dpa picture alliance archive/Alamy Stock Photo; Raikkonen & Alonso © Gero Breoler/dpa picture alliance archive/Alamy Stock Photo; Schumacher © Trinity Mirror/Mirrorpix/Alamy Stock Photo. P. 37: Virenque © dpa picture alliance/Alamy Stock Photo; Armstrong © imageBROKER.com GmbH; Tour de France 2010, Paris © Malcolm Park/Alamy Stock Photo. P. 38: Mauresmo © Eco Clément/UPI/Alamy Stock Photo; sœurs Williams © Frank Molter/Alamy Stock Photo; Kuerten © Colaimages/Alamy Stock Photo; Nadal © Michael Cullen/Alamy Stock Photo. P. 39: Batum © Jason O. Watson (Sports)/Alamy Stock Photo; Parker © Richard Ellis/UPI/Alamy Stock Photo; finale basket JO 2008 © REUTERS/Sam Mircovich/Bridgeman Images. P. 40: Hessel © dpa picture alliance archive/Alamy Stock Photo; élections présidentielles © UrbanImages/Alamy Stock Photo; Anonymous, Paris © LE PICTORIUM/Alamy Stock Photo; manifs loi Darcos © Thomas Samson/Gamma-Rapho via Getty Images. P. 41: Styles © London Entertainment/Alamy Stock Photo; Von Teese © PA Images/Alamy Stock Photo; *Drive* © Film Stills/Alamy Stock Photo; Beckham © Allstar Picture Library/Alamy Stock Photo; Cyrus © John Angelillo/UPI/Alamy Stock Photo; *Twilight* © Summit Entertainment/Sunswept Entertainment; *Mad Men* © 2010 Michael Yarish/AMC/Lionsgate/Coll. Christophel. P. 43: 2Be3 © Grégoire Mahler/Abaca Press/Alamy Stock Photo. P. 44: Willem © Giancarlo Gorassini/Abaca Press/Alamy Stock Photo. P. 44: Jenifer © Nicolas Gouhier/Abaca Press/Alamy Stock Photo. P. 51: Enfant bibliothèque © Megapress/Alamy Stock Photo. P. 54: *Le Roi Lion* © Walt Disney/Coll. Christophel. P. 55: *Toy Story* © FlixPix/Alamy Stock Photo; *Harry Potter et la Chambre des secrets* © 1492 Pictures/Heyday Films/Coll. Christophel; *L'Étrange Noël de mr Jack* © Touchstone Pictures/Coll. Christophel; *Harry Potter et le Prisonnier d'Azkaban* © Warner Bros/1492 Pictures/Coll. Christophel; *Mulan* © Walt Disney Pictures/Coll. Christophel; *L'Âge de glace* © 20th Century Fox Film Corporation/Blue Sky Studios/Coll. Christophel; *Indiana Jones et le Royaume du crâne de cristal* © Paramount Pictures/Lucasfilm/Coll. Christophel; *Pirates des Caraïbes* © Coll. Christophel; *Chicken Run* © Coll. Christophel. P. 56: *King Kong* © Coll. Christophel; *Spider-Man I* © Columbia Pictures/Marvel Enterprises/Coll. Christophel; *Avatar* © 20th Century Fox Film Corporation - Giant Studios - Lightstorm Entertainment/Coll. Christophel; *Mission: Impossible III* © Cruise Wagner Productions/MI 3 Film/Coll. Christophel. P. 57: *Le diable s'habille en Prada* © Fox 2000 Pictures/Coll. Christophel; *Scary Movie 3* © Dimension Films/Coll. Christophel; *Little Miss Sunshine* © Coll. Christophel; *Wall-E* © Walt Disney/Pixar/Coll. Christophel. P. 58: *Oggy et les Cafards* © Coll. Christophel. P. 59: *Malcolm* © AJ Pics/Alamy Stock Photo; *Les Simpson* © Cinematic/Alamy Stock Photo; *Futurama* © Universal Images Group North America LLC/Alamy Stock Photo; *South Park* © AJ Pics/Alamy Stock Photo; Bugs Bunny © Coll. Christophel; *Friends* © Warner Bros TV/Coll. Christophel; *Pokémon* © Coll. Christophel. P. 60: *Les Experts Miami* © CBS/Coll. Christophel; *How I Met Your Mother* © CBS Broadcasting/Coll. Christophel; *The Shield* © Coll. Christophel; *Dr House* © Fox/Coll. Christophel; *Les Soprano* © Coll. Christophel; *Sons of Anarchy* © 20th Century Fox Corp/Coll. Christophel. P. 61: *Misfits* © Channel 4/Coll. Christophel; *Gossip Girl* © Coll. Christophel; *Desperate Housewives* © Coll.Christophel; *Skins* © Coll. Christophel; *Cold Case* © Columbia Broadcasting System/Coll. Christophel. P. 62: Pierre Bellanger © Giancarlo Gorassini/Abaca Press/Alamy Stock Photo. P. 63: MySpace © AKP Photos/Alamy Stock Photo; Facebook © imageBROKER.com GmbH/Alamy Photo Stock; JoeyStarr © David Niviere/Abaca Press/Alamy Stock Photo; Maurad © Eddy Lemaistre/Corbis via Getty Images.

Sources des illustrations:
P. 11: Tarquin et Arleston, *Lanfeust de Troy, L'Ivoire du Magohamot*, T. 1, Soleil, 1994; DVD *C'est pas sorcier, Les énergies: Restez au courant*, France TV Distribution, 2007. P. 13: *Julie*, n°26, déc. 2000; cat. 3 Suisses, Automne-Hiver 2005, p. 737; A. Krings, *Loulou le Pou*, Gallimard Jeunesse, 1995 / A. Krings, *Mireille l'Abeille*, Gallimard Jeunesse, 1994. P. 17: D. Fossette, *Gafi aux Jeux Olympiques*, Mérel, Nathan; J. et J. Guion, *Ratus et ses amis*, Hatier, 1994; *L'Agenda de Mafalda 2000-2001*, Glénat; Bentolila, Remond, Rousseau, Descouens, *Gafi le fantôme, Cahier d'exercices, CP1*, Nathan, 1992. P. 18: Histoire-Géo, Ellipses; *Trans Math*, Nathan, 2002; *Sciences de la Vie et de la Terre, 1ère S*, Hachette. P. 19: *Hyperbole Mathématique, 2de*, Nathan, 2009; *Physique Chimie, 3e*, Hachette Éducation. P. 21: cat. La Grande Récré, p. 39, 2003; cat. JouéClub, Automne-Hiver 2003; cat. Jolie Carla, déc. 2003. P. 22: cat. La Grande Récré, p. 54, 2003. P. 23: cat. Playmobil, 2003. P. 25: *Grand Theft Auto Trilogy* et *Grand Theft Auto III*, Rockstar Games. P. 27: Pub Essilor Harry Potter, *in Julie*, n°42, jan. 2002; *Julie*, n°30, p. 38, jan. 2001. P. 28: GQ, déc. 2008. P. 34: *L'Équipe*, 08/09/2008; P. 35: *Onze Mondial*, 2010. P. 37: *Pédale!*, 2013; *Vélo*, juin 2013. P. 38: *Tennis*, 2007et jan. 2006. P. 42: Alizée, *Moi Lolita*, Polydor, Universal Records, 2000; *Le Roi Lion*, Disney Records, EMI, 2007. P. 43: *Pocahontas*, Disney Records, EMI, 2007; *Le Bossu de Notre-Dame*, Disney Records, EMI, 2007; *Notre-Dame de Paris*, 1998; *Roméo et Juliette, de la haine à l'amour*, 2000; Chantal Goya, *Le Grenier aux trésors*, Polygram, 1997; Chantal Goya, *La Poussière est une sorcière*, Polygram/AB Disques, 1997; Henri Dès, *Le Crocodile*, Production Mary Josée, 2002; Pochette du DVD, *Henri Dès chante avec Albert le Vert*, Universal, 2004; Lorie, *Près de toi*, Epic, 2001; Philippe Chatel, *Émilie Jolie*, 2002. P. 44: *Star Academy l'Album*, Universal, 2001; Vanessa Paradis, *Divinidylle*, Universal, Barclay, 2007; Amel Bent, *Ma Philosophie*, Sony BMG Music, 2005; Outkast, *Speakerboxxx/The Love Below*, Arista Records, 2003; Mc Solaar, *Cinquième As*, Sentinel Ouest, 2001. P. 45: Amy Winehouse, *Back to Black*, Island Records, 2007; Kyo, *Le Chemin*, Jive, 2003; The White Stripes, *Elephant*, XL Recordings, 2003; Black Eyed Peas, *Elephunk*, Polydor, 2003; David Guetta, *One Love*, EMI, 2009; P. 46: *Mon Quotidien*, n°2497, 07/10/2004; *J'aime lire*, n°329, juin 2004; *Spirou*, n°3672, août 2008; *Picsou*, n°379, août 2003; *Picsou*, n°104, août 2007; Téhem, *Malika Secouss*, T. 1, Glénat, 1998; *Méga Tchô !*, Glénat, 2000; *Arkéo Junior*, n°79, oct. 2001. P. 47: Ti-Michou et Gros-Cachou, *in Pomme d'Api*, n°406, déc. 1999; *Astrapi*, n°566, jan. 2003; *Astrapi*, n°803, nov. 2013; *Les Belles Histoires*, n°355, mai 2002; *Pomme d'Api*, n°364, juin 1996; *Picoti*, n°134, déc. 2000; Helen Oxenbury, *Léo et Popi à la ferme*, Bayard jeunesse, 2008. P. 48: Katsuhiro Otomo, *Akira*, Glénat, 1999; Masashi Kishimoto, *Naruto*, T. 5, Kana, 2003; Natsuki Takaya, *Fruit Basket*, T. 1, Delcourt, 2002; Hiromou Arakawa, *Full Metal Alchemist*, T. 13, Kukorawa, 2007; Laurent Gerra, Achdé, *Lucky Luke, La Belle Province*, Dargaud, 2004; Zep, *Titeuf, La Loi du préau*, T. 9, Glénat, 2002; Fabien Vehlmann, Bruno Gazzotti, *Seuls, Les Arènes*, T. 8, Dupuis, 2013; Yvan Pommaux, Marion Duval, *Traque à Montmartre*, T. 11, Bayard Jeunesse, 2001; André Geerts et Sergio Salma, *Mademoiselle Louise, Un papa cadeau*, T. 1, Dupuis, 2010; Tronchet, Fabrice Tarin, Violine, *Les Yeux de la tête*, T. 1, Dupuis, 2001; Darasse, Zidrou, Tamara, *Faites comme chez vous*, T. 4, Dupuis, 2006; Julien Neel, *Lou !, Le Cimetière des autobus*, T. 3, Glénat, 2006. P. 49: Cauvin et Bédu, *Les Psy, Areuh !*, T. 8, Dupuis, 2008; Hardy et Cauvin, *Pierre Tombal, Des os pilants*, Dupuis, 1987; Dubuc, Delaf, *Les Nombrils, Sale temps pour les moches*, T. 2, Dupuis, 2007; Gaby et Dzack, *Les Blondes*, T. 3, 2010; Cauvin et Lambil, *Les Tuniques Bleues, Sang bleu chez les bleus*, Dupuis, 2009. P. 50: *Tom-Tom et Nana, Bonjour les Cadeaux*, Bayard Poche, 2004; *Tom-Tom et Nana, Salut les Zinzins*, Bayard Poche, 1996; Zidrou, *Dagobert fait le tour de la Terre*, Bibliothèque rose, 2000; Zidrou, *Dagobert veut un scooter*, Bibliothèque rose, 2004; Zidrou, *Dagobert fait tout à l'envers*, Bibliothèque rose, 2000. P. 51: René Kayser, Pierre Ballouhey, *Copains des Bois, le guide des petits trappeurs*, Milan, 1994; René Kayser, Nathaële Vogel, *Copains des Jardins*, Milan, 2009; Moka, *Je m'excuse*, L'École des Loisirs, 1992; Jacques Duquennoy, *Le Dîner fantôme*, Albin Michel Jeunesse, 1994; Philippe Pullman, *Les Royaumes du Nord, À la croisée des mondes*, Folio Junior, 2007; Lemony Snicket, *Les Aventures de orphelins Baudelaire*, T. 4, Nathan, 2002; Béatrice Rouer, *Papy retourne à l'école*, Rageot, 2003; J.K. Rowling, *Harry Potter à l'école des sorciers*, Folio Junior, 1999; Dominique de Saint-Mars, Serge Bloch, *Max et Lili ont volé des bonbons*, Calligram, 2004; Dominique de Saint-Mars, Serge Bloch, *Lili ne veut pas se coucher*, Calligram, 2004; Dominique de Saint-Mars, Serge Bloch, *Max n'aime pas lire*, Calligram, 2004; Antoon Krings, *Solange la Mésange*, Gallimard Jeunesse, 1999. P. 52: Helen Fielding, *Le Journal de Bridget Jones*, J'ai Lu, 2004; Lauren Weisberger, *Le Diable s'habille en Prada*, Pocket, 2005; Sophie Kinsella, *Confessions d'une accro au shopping*, Belfond, 2004; Isabel Wolff, *Les Tribulations de Tiffany Trott*, Pocket, 2008; Claude Carré, *Serial qui leurre*, Actes Sud Junior, 2006; Sarah K., *Connexions dangereuses*, Flammarion, 2011; David Hill, *Ennemis intimes*, Flammarion, 2004; Robert Muchamore, *Cherub, 100 Jours en enfer*, Casterman, 2007. P. 53: Stephen R. Donaldson, *Les Chroniques de Thomas Covenant*, Le Pré aux Clercs, 2010; Sophie Audouin-Mamikonian, *Le Sceptre maudit*, Flammarion, 2008; Stephanie Meyer, *Twilight, Tentation*, Hachette roman, 2006; George R.R. Martin, *Le Trône de fer*, J'ai Lu, 1998; George R.R. Martin, *Le Trône de fer, Le Donjon rouge*, J'ai Lu, 2008; Agatha Christie, *Le Crime de l'Orient Express*, Le Livre de poche jeunesse, 1997; Kressmann Taylor, *Inconnu à cette adresse*, J'ai Lu, 2002; J.R.R. Tolkien, *Bilbo le Hobbit*, Le Livre de poche; C.S. Lewis, *Le Monde de Narnia*, Gallimard; Andreï Makine, *Le Testament français*, Folio, 1997; P. 59: Les Minikeums, *L'Alboum!*, Podis, 1998.

1re de couverture: *Pulp Fiction* © Miramax/A Band Apart/Coll. Christophel; creepers © coll. des auteurs; Mandela © Universal History Archive/UIG/Bridgeman Images; Nintendo Wii © coll. des auteurs; *Twilight* © Summit Entertainment/Temple Hill Entertainment/Coll. Christophel; enfants © KK Tan/Shutterstock et Africa Studio/Shutterstock.

4e de couverture: logo Sidaction; Mario © Chris Willson / Alamy Stock Photo; Playstation, Action Man et sweat Champion © coll. des auteurs.

MIXTE
Issu de sources responsables
FSC® C003309
FSC www.fsc.org